Zuanetley Rachelle Ayala Mojica

RESISTÍ al caos

EDITORIAL **EN CALMA**

Zuanetley Rachelle Ayala Mojica

RESISTÍ al caos
Una historia de superación y resiliencia

Editorial **EN CALMA**

Dedicatoria

A mis abuelos Casildo y Coco
Su presencia en mi vida fue suficiente para saldar cada deuda de amor. Su protección fue mi vallado, su ejemplo, mi esperanza.

A mi hermana, Geisha
Mi aliada en la vida. Tu compañía siempre le ha dado sentido a los días malos. Eres la brújula que me lleva a puerto seguro, siempre a casa.

A mis hijas Lhya, Mhya y Naylah
Su amor me regaló un corazón invencible. Sus vidas son mi mejor proyecto y legado.

A mi esposo, Roberto
Nadie me ama como tú, me infundes de fe y eres restauración para mi corazón.

A mis padres, Carmen y Wesley
Ustedes son la evidencia de que el amor siempre le gana al caos. Los amo siempre.

Agradecimientos

A mi maestra, Muñiz, gracias por llegar a tiempo a mi vida para inspirarme. Fuiste el eslabón perfecto entre la vida y las letras; me rescataste con tu vocación.

A Titi, Brenda, gracias por amarme y cuidarme como tu hija mayor. Tu casa se convirtió en mi hogar en los tiempos de rebeldía.

A mi abuela, Minerva Rodríguez, gracias por enseñarme que se puede amar y ayudar de mil maneras. Nos cobijaste e hiciste de tu casa, la nuestra.

A Xaymara Martínez Fret, gracias por todos tus sí, tus consejos y compañía. Eres mi 911 cuando no sé qué decisión tomar. Agradecida porque siempre estás aquí para mí.

A Miguel Ramírez, mi padrastro, Michi. Gracias por estar presente cuando más te he necesitado, sin excusas ni pretextos; tú siempre estás.

A María Maysonet Román, mi amada Mary. Gracias por hacerme la invitación que me llevó hasta los pies del Señor. Tú amor sin condición, tu pacto, y tu compromiso siempre me hace bien.

A Yaris Zoé Olivo, mi hermana, comadre y mejor amiga, eres un regalo para mí. Has sido tú, acompañándome en cada temporada de mi vida.

A mi amigo y escritor Jaime Bultrón Domenech, gracias por todas las veces que me motivaste a escribir y por las otras que me ayudaste a soñar.

A mis Pastores, José Ortíz y Marilyn Muñoz. Gracias por creer en mí y ayudarme a transitar por el valle hasta llegar al otro lado. Ustedes son la voz de Dios aquí en la Tierra, siempre me guían. Nuevamente, gracias por aportar tanto en este proyecto.

A mi terapeuta, Ana Gabriela, gracias por brindarme las herramientas que necesité y ayudarme a acercarme a mi historia desde la sanidad. Siempre estaré agradecida por permitirme aceptar con amor lo que antes no pude.

Finalmente, gracias a ustedes mis lectores que fueron el motor para terminar con esta encomienda. Espero que este libro les cautive y les bendiga tanto como a mí.

Testimonio

Cuando conocí a Zuanetley Ayala Mojica era apenas una jovencita. Siempre vi en ella, un deseo de superación, y así se ha mantenido. Su trayectoria nos muestra que todos los obstáculos los podemos vencer por más difíciles que sean. Es una mujer apasionada y abnegada por su familia; también una excelente profesional. Su vida es un libro abierto de múltiples experiencias superadas con valentía y tenacidad.

El libro, *"Resistí al caos"* captó mi atención de inmediato. Pude sumergirme en cada palabra que la autora expresó con mucho cuidado, específicamente, los detalles de dolor de una infancia y adolescencia difícil. Su experiencia, puede ser como la de cualquier persona, pero Zuanetley demostró que el coraje y el deseo de superación fueron más fuertes que sus caídas y sufrimientos. Sobre todo, y no menos importante, vi a Dios cómo un Padre amoroso que entró a su vida para comenzar su proceso de sanidad.

Me siento muy orgullosa de tener en nuestro equipo de trabajo a esta excelente mujer. Las experiencias que narra la han convertido en una persona más sensible y empática con los que sufren, en especial, por los eventos que vivió y describe en esta obra literaria.

Pastora Marilyn Muñoz Maldonado
Iglesia Casa de Adoración y Restauración Un Nuevo Pacto
Vega Alta, PR

Prólogo

Escuchar historias de vida es mi trabajo, casi todas llegan cargadas de confusión, dolor, angustia, desconcierto y desorganización. Contienen una sensación de injusticia y renuncia al dolor. ¿A quién le agrada el dolor? La vida de muchas personas se ha desarrollado dentro de un caos. Es como un hoyo profundo, una tierra movediza, un valle de sombra y de muerte. En ese pasadizo tan oscuro es muy difícil encontrar la salida. Unos son vencidos por los embates contrarios. Otros buscan la manera de cómo sobrevivir y adaptarse a nuevas normalidades impuestas y repentinas. Duele en el alma y en el corazón escuchar las historias donde una niña o un niño desempeñan un papel protagónico sin tener las destrezas necesarias para salir airoso (a). Nadie le explicó el libreto, mucho menos, la manera de actuar. Durante el proceso hizo lo que pudo, improvisó varias veces, pero el resultado, en muchas ocasiones, no fue el esperado.

En esta obra, Zuanetley expone su recorrido por la realidad de su vida donde el dolor, el sentimiento de desamparo, la desesperación y la impotencia la tomaron de la mano por bastante tiempo. Lo más impresionante de esta obra no fueron estos acompañantes, sino su fuerza interior. También la pasión y la capacidad de la autora por intentar mirar las cosas con un lente esperanzador, llevándola a alcanzar todo lo que se propuso. Esto se llama adaptarse al entorno, le llaman ser resiliente. Es cuando el panorama parece imposible de mejorar y la persona es impulsada por la firme seguridad que todo va a ser diferente, incluyendo su propio ser. Esto lo refleja Zuanetley al contar su historia. Así que hoy te invito a recrearte con este testimonio tan honesto, abierto, sin tapujos ni simulaciones.

Zuan, has sido protagonista de tu propia vida. No conocías el contenido del libreto, pero tu alma pura y fuerte te dio las líneas para desempeñarte como esa artista de la vida que hay que aplaudirla con una ovación. Te felicito y auguro muchos éxitos más. Le doy gracias al Señor que hizo que nuestros caminos se encontraran. En ese caminar hemos compartido experiencias, risas, llantos, abrazos, canciones y un amor mutuo inquebrantable, por eso y mucho más, te digo… ¡gracias, gracias, gracias!

Tu amiga, hermana y compañera de misión,
Milagros Colón Ortiz

Índice

CAPÍTULO 1

Cambio de planes

Apenas tenían catorce y diecisiete años cuando la prueba casera anunció con dos líneas rojas el embarazo. Ella cursaba el octavo grado y él estaba en cuarto año de escuela superior. Con esta noticia, la vida de mis futuros padres tomó un giro de 180 grados. No hubo emoción ni celebración, solo un gran silencio. Por primera vez, sintieron la sensación de que el mundo se les cayó encima con ese *"ups"* que aniquiló la alegría del momento.

Las primeras emociones no fueron tan positivas como la de otras parejas al enterarse que están a punto de recibir el milagro de la vida. Ellos, en aquel entonces, se encontraban en el otro extremo, al lado del miedo y de la incertidumbre. Ambos, llenos de frustración, vivieron el momento de la calentura, sin pensar en las consecuencias que les dejaría. Su reacción era de esperarse: no me estaban buscando, mi nombre no estaba en sus planes y, mucho menos, estaban listos para mi nacimiento.

Según mi madre, su primera pregunta al ver el resultado positivo fue, *"¿y ahora qué?"*. Su escena mental fue la peor porque ambos tenían unos padres estrictos y ninguno había terminado la escuela; dependían totalmente de su familia. Era un caos encargarse de alguien más y visualizarse con una responsabilidad para la que no se sentían capaces.

Mi madre era la hija de los comerciantes de la calle tres en el barrio, La Ponderosa y él vivía unas casas más abajo. Justamente en esos días, mis abuelos maternos estaban llenos de ilusión ante los preparativos del quinceañero de su niña. Restaban días en el calendario para sentirse más cerca de la gran celebración. Todo estaba listo: las flores para la decoración, la contratación de la orquesta y la lista de invitados. En fin, la familia solo esperaba que llegara el gran día.

Mi abuela materna se enteró del embarazo por un tercero y la noticia le quitó el aliento como cuando te cae un balde de agua fría y no puedes ni moverte. Entonces, mi madre aterrada por la reacción que pudiera tener su padre, decidió tomar un cóctel de medicamentos que encontró en el botiquín para terminar con su vida y la mía. Ella pensó que de esa manera evitaría el trago amargo de enfrentarse a él, cara a cara. Luego de cometer ese acto, se lo contó a su madre porque no quería morir. Mi abuela, nerviosa, pidió ayuda a sus vecinos para llevarla al hospital. *"Ayúdenme que Cuca metió las patas y se tomó un montón de pastillas".* Esas fueron sus palabras de desesperación ante la terrible decisión de su hija. El secreto pasó a ser la noticia del día. Nada que lamentar ocurrió con nosotras, fuimos preservadas porque su desconocimiento le hizo tomar pastillas que, según el doctor, ninguna nos haría daño. A mi mamá, solo le bastó estar varias horas en observación en la sala de emergencia y fue dada de alta con la certeza que estaríamos a salvo. El silencio de sus padres al regresar a la casa le anunciaba que tendrían la conversación más incómoda y dolorosa de toda su existencia. Sabía que les había defraudado y la vergüenza se apoderó de ella. Estaba arrepentida de romperles el corazón, ya que en el fondo los necesitaba, y sabía que sin su amor y comprensión le sería difícil manejar los meses restantes.

No hubo otro camino que aceptar la maternidad. Nadie dijo más nada. Yo llegué a su vida para cambiar sus planes. Mis padres tuvieron que sacar el pecho y asumir la responsabilidad de sus actos hasta prepararse para mi alumbramiento. Sin dudas, fue una dura encomienda porque les hicieron cumplir promesas que ellos nunca se hicieron. Se casaron y en su boda solo hubo un par de testigos. Mis abuelos dieron sus firmas, pero no asistieron al casamiento. A ambos les ganó el sentimiento de decepción y coraje.

Después de un tiempo de estar manejando el impacto de la noticia, mis abuelos no abandonaron a su hija y la ayudaron. Hicieron todo lo posible por aconsejarla a ella y a mi papá sobre el matrimonio, la crianza y los desafíos de ser adultos antes de tiempo. Mi madre, valientemente, continuó sus estudios. Esta vez le conocían en el plantel escolar con otro nombre y apellido, *"Carmen la estudiante embarazada"*. Quizás, esa fue la parte más difícil para ella porque tuvo que lidiar con el hecho de ser catalogada como la estudiante que *"metió las patas"*; *"una mala influencia para las demás niñas"*. Mi padre no sufrió el mismo discrimen y siguió estudiando, pero tuvo que trabajar a tiempo parcial para suplir las necesidades del hogar. Su primera

17

oportunidad de trabajo fue lavando carros y, de esta forma, iba adentrándose en su nuevo rol de papá proveedor. No fue sencillo comenzar desde cero con tanto camino por recorrer, pero el trayecto los fue preparando a los dos para mi llegada.

Nací el 17 de enero de 1989, a las tres de la tarde; ese día, mis padres nacieron conmigo. Lo que comenzó siendo un *"ups"*, fue un evento que los marcó para siempre. Escuchar mi llanto en aquel frío hospital fue suficiente para sentirse listos para darme amor. Fue allí donde lograron entender que no era necesario saber que pasaría en el mañana, porque ya tenían unas manitas que sostener.

Me convertí en la primera nieta y sobrina. Fui la luz de los ojos de mis familiares y el día que nos dieron de alta del hospital hasta los clientes de la tienda de mis abuelos celebraron mi llegada. Después de mi nacimiento, mi mamá y mi papá lucharon, día a día, para convertirse en los mejores padres para mí. Mi mamá terminó su cuarto año y mi tía paterna se encargó de mi cuidado para que ella lograra esa meta. Según me contó, pasé los primeros años de vida al lado de mi familia paterna. Luego, mi mamá se hizo más presente y terminó llevándome a vivir con ella porque creía que los prefería. El rostro de mi madre se transformó cuando narró esta parte de la historia. Mientras hablábamos de todo lo que pasó, su semblante siempre se tornó serio, sombrío. Creo que, por primera vez, mi madre sintió que podía perderme. Voy más allá y, tengo la certeza, que ese fue el momento perfecto para acogerme con su amor.

La noticia de mi existencia no comenzó con celebración, ya que, evidentemente, no fui del todo una niña deseada. Hoy, gracias a Dios tengo la certeza de que yo no fui un accidente ni el error en la cuenta del periodo menstrual de mi mamá. Estoy convencida que fui necesaria, escogida, amada y diseñada con un propósito. Nada ocurre por casualidad, al final, fui la bendición que superó el mal día.

No sé cuántas veces te han dicho que no debiste nacer, que todo fue más difícil por tu llegada, que fuiste parte de un error o que no te habían planificado y llegaste a cambiarlo todo. Quizás hay una parte de veracidad en esas palabras, pero no tiene que ser tu verdad absoluta. No tienes que quedarte en esa línea de la historia. De seguro hay regalos detrás de tu llegada. Puedes reconstruir tus propios pensamientos y ese es el poder que transforma lo que nos marcó. Entiende que tus comienzos no definen quién serás finalmente. Repite conmigo: *"Soy importante y capaz por encima de las circunstancias en las que llegué al mundo"*.

No tengo dudas de que sí fuiste parte de los sueños y pensamientos de un Ser Supremo; diseñado por un amor perfecto. Quizás, eres de esas personas que se sorprende al leer esta oración porque nadie te lo había dicho antes. Quiero que sepas que no ha pasado ni un día de tu vida en el que el cuidado y el amor de Dios no esté sobre ti. Él te escogió y te amó primero. Su infinito amor es la evidencia de que Él transforma hasta las situaciones más adversas. Tengo la convicción de que el Señor todo lo torna para nuestro bien. Recuerda: *"Ninguna situación que inicia tormentosa es para dejarte en oscuridad"*. Al contrario, si decides puedes ser el testimonio que Dios utilice para transformar y alumbrar la vida de otros. Eres bendición y gracias a tu existencia alguien olvidó *el caos*.

Te regalo este versículo que se encuentra en **Salmos 139: 13-16**…

"Porque tu formaste mis entrañas; Tú me hiciste en el vientre de mi madre. Te alabaré; porque formidables, maravillosas son tus obras; Estoy maravillado, y mi alma lo sabe muy bien. No fue encubierto de ti mi cuerpo, bien que en lo oculto fui formado, Y entretejido en lo más profundo de la tierra. Mi embrión vio tus ojos, y en tu libro estaban escritas todas aquellas cosas que fueron formadas, sin faltar una de ellas".

CAPÍTULO 2

Nieve blanca

Descubrir secretos y averiguar eran dos de mis juegos favoritos. Siempre fui una niña inteligente, curiosa y habladora. Todo lo observaba y lo analizaba. Mi madre me repetía la misma frase, *"nena a ti no se te escapa una; estás pendiente a todo"*.

Una mañana mientras jugaba sola y mis padres dormían, quise ser una exploradora y me topé con unos envases grandes de colores blanco y otros negros. Su contenido, según la etiqueta, era polvo utilizado para preparar *"batidas de proteína"*. Recuerdo que su apariencia era tan blanca como el azúcar, muy parecida a la nieve. Ese día, preferí llamarla, *"nieve blanca"*. Recuerdo que jugué y hasta metí la cara en esos envases. Durante la misión, no me pasó nada al tener contacto con aquel *"polvito"*. Lo más interesante de mi búsqueda era que algo no me cuadraba, ya que la etiqueta no se asemejaba a lo que había en su interior; no parecía polvo para hacer batida. Estaba casi segura de que no era azúcar y, mucho menos, sal. No tenía una contestación clara y eso aumentaba mi curiosidad. Seguía con la misma intriga, *"¿qué es ese polvo blanco?"*.

Algo extraño pasaba en mi casa, especialmente, en el cuarto del medio que, de vez en cuando, parecía un almacén. La habitación era pequeña y estaba llena de esos envases. Había unos debajo de la cama y otros en el armario donde se guardaba la ropa. *"¿Por qué mi papá tiene tantas batidas?"*. Esa pregunta rondaba por mi cabecita a diario. Él era un hombre que amaba levantar pesas, pero de seguro no necesitaba esa cantidad exagerada. Ese detalle no me dejó tranquila por lo que se convirtió en mi objetivo. Me propuse a descubrir el gran misterio de aquellos envases y decidí emprender una misión aventurera para conocer la verdad.

Meses después, abrí una cajita de fósforos que estaba en una mesa y vi una bolsita transparente muy pequeña, del mismo tamaño de la caja. Para mi sorpresa, estaba llena del mismo contenido que tenían aquellos envases. Le entregué la bolsita a mi mamá para ver qué diría al respecto. Al ver lo que había en su interior se puso nerviosa, pero intentó disimular. Lo guardó, aunque su cara cambió totalmente. Tan pronto llegó mi papá de su trabajo, la escuché reclamarle por su descuido. Entonces, comprendí que estaba más cerca de una verdad dolorosa que nos involucraba como familia y todo apuntaba a que mi papá era el principal sospechoso. Escucharlos discutir me dio miedo, pero ellos ni cuenta se dieron. Tuve ganas de buscar ayuda, sin embargo, no lo hice porque temía que mi papá lastimara a mi mamá. Aunque él prefería bajar su coraje destruyendo a golpes las puertas de la casa. En ese momento, quería que alguien me dijera que todo estaría bien porque me sentía culpable de aquella pelea entre ellos. Durante esa etapa de mi vida, me hubiera gustado que, al menos, alguien de mi círculo familiar tuviera el valor de armar conmigo todas las piezas del rompecabezas. Alguien valiente que me contestara cada una de las preguntas que tuve. En cambio, todos eran discretos y guardaban silencio. Era como si tuvieran miedo de darme alguna contestación por temor a mi padre. Entre líneas entendí que la manera de actuar de él era como un mecanismo de protección hacia mí. Tenía ese pensamiento porque era muy pequeña y no podía comprender ese asunto en ese momento. Al final, sé que todos, simplemente, cuidaban mi corazón indirectamente.

Pasé toda mi niñez mirando a mi padre. No tuve ojos para nadie más, solo para él. Fue el amor de mi vida, pero también el ser por quien más sufrí; siempre quería ayudarlo de algo que yo misma desconocía. Vivía observando sus pasos y estaba al pendiente de las llamadas continuas que recibía. Esas llamadas que tenían más números que palabras y que le hacían disimular, dar vueltas, alejarse o bajar la voz. Me fijaba en su comportamiento nebuloso y su hostilidad cuando se enteraba que alguien le había robado. Mi padre tenía unos bultitos que eran parte de su atuendo. En las noches le era difícil conciliar el sueño y, ante esa realidad, golpeaba a las paredes porque se les dormían las manos o caminaba hasta la madrugada por toda la casa. Muchas veces prefería dormir en el piso porque se le hacía más cómodo o seguro. Cuando lograba quedarse dormido, brincaba.

Las personas que le rodeaban lo respetaban. Eran esas mismas personas que cuando salíamos a la calle los veíamos con un vasito en la mano pidiendo dinero. Esos que hacían trabajos en la casa y después de media hora paraban sus labores para que él les diera *"el dulcecito"* que esperaban con ansias. Para ellos, él era como un jefe, para mí, solo mi papá.

Comencé a calcular, sin ser una experta en matemáticas, porque era imposible que en un empleo de jornada regular pagara tanto dinero, como para andar con una *"paca de billetes"* en los bolsillos por todos lados. Según mi observación analítica, los de veinte siempre eran más. Tengo que admitir que esa era la parte que más me gustaba, verlo sacar esa *"paca de billetes"* y observar cómo las personas a nuestro alrededor lo miraban. Era una especie de *"guille, poder y seguridad"*.

Me costó varios años entender lo que desde el inicio sospechaba: mi padre era un empresario de nacimiento, con referencias y acciones en la compañía equivocada *"el bajo mundo"*. Trabajaba el doble. Su empleo de cuarenta horas, el otro, requería un tiempo adicional con el que se comprometía la vida, si le salía un enemigo en el camino. Esto último fue mi mayor estresor. Iba a la escuela elemental con el temor de que un día mi padre fuera el que estuviera en las noticias arrestado o asesinado en una sorpresiva escena marcada con cintas amarillas y negras.

Los días que veía alguna patrulla con los biombos azules encendidos pasar por mi casa, automáticamente, me temblaba todo mi cuerpo, al punto, que terminaba creando una historia trágica en mi cabeza. Los nervios y la ansiedad que desencadenaron ese evento provocaron que llegara a mi mente la misma escena catastrófica. Imaginaba, una y otra vez, que tocarían la puerta y entrarían a llevárselo arrestado por sus actos ilegales. Muchas veces lloraba porque no quería que mis compañeros se burlaran de mí por ser su hija; esa parte nunca se la conté a nadie hasta ahora. Por desconocimiento, creía que mi padre era el único responsable de que otras familias sufrieran a causa de la droga y eso nunca me hizo bien. Más adelante, cuando conocí un poco más del tema por mi cuenta, comprendí que eso no era así. Él era solo uno de tantos empresarios de la calle.

Cuando me daba nostalgia la situación que yo vivía, inventaba canciones con dos estrofas que canté únicamente para mí y que se escuchaban solo en mi interior. *"Mi papá vende drogas "*; *"Mi papá vende drogas"*. Quizás, estaban inspiradas en el trauma y en el silencio. A causa de esto tuve que lidiar con *"la machaca de mi mente"* y reprimir todo lo quería decir. Sentía mucho coraje con todos a mi alrededor y con él, mucho más, por no darse cuenta de que, inconscientemente, su estilo de vida me generó un miedo descomunal. Luché con estas situaciones estresantes que me hacían vivir en el futuro. Fui una niña adelantada a mi edad. Maduré antes de tiempo y eso me dio el espacio para sacar mis propias conclusiones del panorama. Hice promesas para demostrarle a mi padre que el cometer errores no debió ser la excusa perfecta para escoger el camino del dinero fácil. Quería decirle que debía ser el motor necesario para superarse y ser mejor cada día. En ese momento, lo culpé y, a la vez, lo amé demasiado. Deseaba que fuera igual al padre idealizado que vivía en mi cabeza.

A esta fecha, desconozco cuál fue su verdadera motivación. Pienso que pudo ser la oferta de generar dinero más rápido, rebeldía o encajar en el grupo. Él siempre supo que yo me imaginaba una parte de la historia, pero no se atrevía a darme la cara. Lo conocí en sus dos facetas, como padre amoroso y como líder en la calle. En cambio, amé más su verdadera esencia, su enorme corazón y ese don de gente que lo distinguía entre la multitud. Sé que en el fondo nunca se sintió orgulloso por la forma en la que se ganaba la vida. Sabía que, mi hermana y yo, merecíamos que todo fuera diferente. Yo anhelaba que mi padre se quitara y quizás alguna vez lo intentó. De sus labios le escuché decir: *"Cuando se vive en la gloria del dinero fácil es muy difícil imaginarse fuera de ese lugar"*. Ese ambiente y estar dentro fue una acción que lo comprometió y, en cierta medida, lo atrapó muchos años de su vida.

En cuanto a mí, también estuve en la misma encrucijada. Sin embargo, estoy segura de que jamás estuve sola porque hubo una fuerza sobrenatural que me sostuvo. Aún en medio de lo difícil que fue lidiar con el voto de silencio, con la incertidumbre y la falta de información pude mantenerme encaminada. Desde niña vine equipada con una gracia especial. Quizás tú también te has sentido igual y guardas experiencias en donde la misericordia de Dios te ha alcanzado o, en el mejor de los casos, te ha protegido.

Salmos 121: 7-8

"Jehová te guardará de todo mal; El guardará tu alma. Jehová guardará tu salida y tu entrada desde hoy y para siempre".

CAPÍTULO 3

Fin de la misión

Recuerdo que una vez para Semana Santa me tocó estar con papi y se le cayó una bolsita transparente de esas pequeñitas. Mi reacción inmediata fue esconderla debajo de mi zapato porque ya no era tan niña. El rostro de mi padre se desfiguró al ver que no me montaba en el auto como los demás y me lo repitió en varias ocasiones, pero no le hice caso. Ese día, por primera vez, lo desafié. Lo miré temblando a los ojos y le dije: *"Cuando yo me vaya de la casa, recoge lo que está debajo de mis pies"*. Estoy segura de que ese fue su peor día. No pudo disimular más ante mis ojos, ya no pudo escaparse. Me hubiera gustado gritar, *"¡te atrapé!"*, como en las películas, aunque él no lo vio, sonreí. Ese instante fue el final de la misión. Su silencio fue sepulcral y las únicas palabras que salieron de su boca fueron, *"quiero que sepas que no soy mala persona y que no he matado a nadie"*. Luego de varios días en ese juego de palabras, él me invitó a la terraza y fue allí donde tuvimos nuestra primera conversación de padre a hija. Esta vez, él era un padre vulnerable. Lloraba profundamente como quien siente vergüenza de sus propias elecciones. No fue capaz de prender la luz. Dejó la terraza a oscuras, no le podía ver el rostro. Solo pude escuchar sus sollozos y su discurso. Me contó la versión muy resumida de la historia. Cuando terminó, yo tuve la oportunidad de decirle todas las cosas que admiraba de él. Quizás eso le sorprendió. Le conté las veces que lo veía recoger su ropa para donarla y cuando cargaba envases con comida para su gente. Siempre lo miré con orgullo, a pesar de mi coraje. En el fondo yo sabía que mi padre tenía un gran corazón. Él era un buen tipo lleno de buenas intenciones y sentimientos. *"No voy más, no es tan fácil de decir"*. Aunque esa última oración de mi padre me dolió, yo estaba segura de que él buscaba la forma de dar ese paso y dejar la calle.

Quiero confesarte que gasté mucho tiempo de mi niñez buscando respuestas y, quizás, tú también lo has hecho por alguna situación. Se vale no entender, se vale cuestionar, pero se requiere de una fuerza más profunda, querer cambiar los patrones de nuestras familias. Decir hasta aquí y tirar la raya es necesario para no repetir esos ciclos destructivos. Es fundamental reconocer los límites y entender cuánto tiempo le permitimos a otros afectarnos. Yo no pedí estar en esta situación. Yo no merecía vivir con tanto miedo y ansiedad. Sin embargo, esa misma circunstancia negativa fue la que me hizo encontrar un motivo para ser diferente. Yo no podía cambiar mi realidad, pero sí tuve el poder de la decisión y cargué con la única esperanza que tenía: obviar lo malo y sacar las ventajas positivas de mi entorno.

El arma más poderosa que descubrí fue soñar con una vida distinta para mí. Me propuse construir la vida que merecía. Tomé buenas decisiones dentro de las limitaciones que enfrenté y me hice cargo de mi esquina en el ring. Yo me subí al combate y en cada ronda peleé con el corazón para alejarme del ejemplo de mi padre. Yo me armé de optimismo y siempre me vi desde mi lente, ese cristal que miraba más allá del cielo.

Hoy te exhorto a que camines creyendo que Dios está contigo. Porque Él está disponible para ti sin importar tu escenario o tus circunstancias adversas. No te quedes en el evento que te dañó y crea tus posibilidades. Levántate, llora, sécate las lágrimas, ponte las botas y construye una mejor vida para ti. La esquina del ring te pertenece. Tú puedes cambiar tu destino, ¡claro, que puedes!

Jeremías 29:11 dice: "Porque yo sé los pensamientos que tengo acerca de vosotros, dice Jehová, pensamientos de paz, y no de mal, para daros el fin que esperáis".

CAPÍTULO 4

Desde lo profundo

Los años pasaron y la separación de mis padres fue un evento que llegó de repente para mí y mi hermana. Aunque sé que fue el resultado de diferencias acumuladas, simplemente, me dolió. La relación de mis progenitores se había debilitado y sus desacuerdos eran bastantes.

Recuerdo que mi madre salió con su prima a un baile para despejar su mente. Cuando llegó al lugar se llevó una sorpresa, en plena fila, vio a mi padre agarrado de la mano de alguien más. Después del asombro, ella se comunicó con mi abuela, bien desesperada. Durante esa llamada, yo estuve presente y pude escuchar la voz de mi madre que salía como altoparlante de las bocinas del celular. El rostro de mi abuela delataba su preocupación. Mi madre estaba llorando y le contaba a mi abuelita el suceso que le desgarró la vida. Esa noticia, anunciaba que ya no había ni la mínima posibilidad para una reconciliación con su primer amor.

Ese día cambió todo. Nos mudamos definitivamente con nuestros abuelos maternos y nos metimos las tres en un cuartito. Mi mamá estaba devastada. Nunca había visto tanta

33

tristeza en su rostro. Ella repetía su versión y decía que mi padre le fue infiel. Para ella, él era el peor hombre de este mundo. En medio de esa ruptura estábamos mi hermana y yo cargando ese sentimiento de angustia y afrontando un nuevo reto: el divorcio de nuestros padres.

Por desgracia, mi madre se convirtió en una mujer angustiada y llena de coraje. Hablaba desde su dolor y en ocasiones olvidaba que las tres estábamos en la misma barca rota y que él también era nuestro padre. Luchamos con todas nuestras fuerzas para sacar el golpe de agua de nuestra casa. Mi madre lloró amargamente; lloró tan profundo que me restó acompañarla y secar sus lágrimas, pues era la mayor y entendía un poco más. Al mismo tiempo, intenté proteger a mi hermana con palabras de afirmación, *"estaremos bien, Geishita"*.

Uno de esos días de crisis me marcó. Mi madre estaba llorando sin consuelo y se tiró al suelo y me quedé acariciándole su espalda para consolarla. Me acomodé lo más cerquita que pude para recordarle que, al menos, nos tenía a nosotras y éramos razones suficientes para que pudiera salir de ese proceso tan doloroso. Tan profunda fue la situación, que tuvo que ser internada en un hospital de salud mental para recibir ayuda profesional.

Mi madre fue manejando su duelo y, con el pasar del tiempo, llegó la aceptación con rebeldía incluida. Cuando ella mejoró y decidió levantarse, ocurrió el efecto sube y baja. Entonces, fui yo la que me quedé abajo, creo que como me enseñaron, indirectamente, reprimí mis emociones. Sin darme cuenta, de forma acelerada, me quedé en un lugar desconocido, en lo más profundo. Rodeada por todos, pero sintiéndome sola y triste. Desde esa profundidad, todo se veía gigantesco y aterrador. No sabía cómo salir de aquel hoyo; no me reconocía.

Por desgracia, era imposible con palabras expresar lo que sentía. Nada iba a cambiar la situación entre mis padres y eso me dolió mucho. Lo que pasa después de una ruptura es muy confuso porque mientras que el amor de los adultos se rompe, el amor de los hijos entra en una batalla. No se sabe cómo actuar ante las diferencias que tienen esos adultos que se amaban y ahora son totalmente un par desconocidos. Esa etapa es tan difícil que, en ocasiones, los padres la complican más; lamentablemente fue nuestro caso. Mi mamá decía que yo siempre defendía a mi padre. Lo que ella no sabía era que solo quería defenderlos de ellos mismos. A causa de los dimes y diretes, mi hermana y yo nos quedamos, muchas veces, vestidas frente a la puerta del negocio de mis abuelos porque mi papá optaba por dejarnos esperando para colmarle la paciencia a mi madre; al menos eso siempre pensé.

Cada fin de semana comencé a sentir que moriría. Mi madre tenía que llevarme a la sala de emergencia más cercana porque llegaba la noche y sentía que ir al hospital era la solución a mis dolencias. Mi corazón palpitaba fuera de lo normal: me faltaba el aire, estaba desesperada, quería gritar. Nadie entendía lo que yo estaba experimentando ni yo misma. Lo único que tenía claro era que quería ser salvada de aquel dolor insoportable.

Un médico generalista que me atendió con los mismos síntomas durante dos días me dejó en observación. Sin antes halarle las orejas a mi madre: *"Ella no tiene nada malo con su salud física, no te has fijado que esta niña lo que está es deprimida"*. Mi madre, con cara de asombro, comenzó a entender lo que antes no podía. Estaba muy ocupada en ella y en disfrutar su vida. Recuerdo que me dejaron en ese hospital y me coordinaron una consulta con un psiquiatra pediátrico. Después de hacerme varias preguntas con el tono de voz más bajo y pausado que había escuchado antes, el doctor informó que me estaría recetando unos medicamentos para que me ayudaran con la depresión. Me fui de alta, pero hice del sillón de la sala de mis abuelos, mi habitación. Me la pasé durmiendo por semanas a causa de las pastillas. Eran tan fuertes que ni recordaba si había comido o si había ido al baño.

Todo mi cuerpo entró en descontrol. Rebajé siete libras en una semana y se detuvo mi periodo menstrual por un par de meses. También se descontrolaron mis niveles de azúcar. Todo por los asuntos del corazón y los estragos que me dejó el divorcio de mis padres. Me desmayaba a cada rato y, por esa razón, visité a varios especialistas. En fin, me hicieron todos los estudios pertinentes y todo salió bien. Indudablemente, el cuerpo no puede con tanto y habla por nosotros.

Luego, ante la preocupación de los efectos de los medicamentos, le dije a mi mamá que no quería ni uno más. Ya sentía que había perdido la noción de los días y siempre estaba soñolienta. Así que un día decidí no tomar más pastillas. Tengo recuerdos de ese instante: me miré al espejo de la puerta del baño y me dije, *"oye no naciste para estar así"*. Me bañé y me fui para casa de una amiga del barrio. Ese día, decidí que nunca más regresaría al sillón, pero sí regresé a la escuela. Después de ausentarme por un tiempo, terminé el sexto grado. Con este proceso tuve que aprender una lección más: *"Lo más importante es seguir intentándolo".*

Me gradué con excelencia académica y mi cuello se adornó de medallas. Además, recibí el premio, Ciudadanía. Estar allí fue suficiente para seguir demostrándome que era resiliente. Este evento fue muy significativo para mí porque los estudiantes tuvimos la oportunidad de desfilar con nuestros padres. En mi caso, desfilé del brazo de mi padre. No estábamos en nuestro mejor momento, sin embargo, me estaba graduando con paso firme y reconociendo que los momentos grises siempre pasan. Ese momento marcó un antes y después para mí porque, literalmente, tuve dos graduaciones: la de la escuela y la de la vida. Vencí cada etapa complicada con fuerza y convicción. Me llené de la seguridad que había perdido, recuperé el bienestar y volví a recordar mi propósito. Entonces, le llevé un mensaje a la depresión: *"Te vencí"* para luego decirle al problema, *"échate a un lado, que estoy equipada para vencer".*

Quiero que sepas que tú también tienes el equipaje listo para superar cada crisis. Cuando lo haces creas un nivel de resistencia superior. Creces y avanzas cuando estás bajo presión. Es importante que comprendas que jamás terminas un proceso de la misma manera que lo comenzaste. Cada proceso te hace valiente, y si descubres que la fortaleza viene de Dios, ¡vencerás cualquier obstáculo!

Filipenses 4: 13 dice: "Todo lo puedo en Cristo que me fortalece".

CAPÍTULO 5

Me dijo que no

Mi espíritu soñador y apasionado seguían intacto. Me convertí en una líder. Estoy segura de que eso lo heredé de mi papá.

Cursaba la escuela intermedia y tenía excelentes calificaciones. Para mantenerme enfocada, me anotaba en cuanto club había en el plantel escolar. No tardé mucho en llegar a la conclusión de que mi favorito era el de futuros maestros. Gracias a esa iniciativa, pude desarrollar mis habilidades de liderazgo y, cada martes, el maestro de historia, el Señor Maldonado me recibía en su salón. Su sonrisa era evidente cuando yo llegaba. Me trataba como una maestra en práctica. La hazaña no era sencilla porque era otra adolescente igual que los estudiantes y captar su atención se hacía cuesta arriba. Sin embargo, el hablar frente al público era lo mío y la seguridad que proyectaba era mi aliada para mantener el control del grupo. Los cincuenta minutos de la clase pasaban volando y el maestro, desde su escritorio, observaba mi ejecución. Sus palabras y críticas constructivas al final de cada clase, me las tomaba muy enserio. Yo era de esas estudiantes que el resto del grupo no se llevaba por lo perfeccionista y aplicada. Mi forma de ser me daba sentido de vida.

Mi mamá cuando se refería a mí, usualmente, decía: *"¡esta nena siempre está metida en cada revolú!"*. Ambas éramos distintas. Ella era una mujer sencilla, tímida, callada, pero muy honesta a la hora de decir lo que pensaba. Recuerdo que, para ese tiempo, quise convertirme en la presidenta de la clase graduanda de noveno grado. Se lo conté a mi madre con todo el entusiasmo del mundo y lo único que recuerdo fue un rotundo, ¡no! Ese no, salió de lo más profundo de su corazón y me dolió más que todos los que me dijo después. Mientras que ella lo veía como algo para lo que se debía estar cualificado y capacitado, yo pensaba todo lo contrario. Me visualizaba lista y completa. Quería sentir que mis metas eran importantes para mis padres. Para mí, era una gran oportunidad de representar a todos los estudiantes que, al igual que yo, querían romper el molde de su historia. Esa era la propuesta perfecta para hacer algo positivo y, en cierta medida, cumplir con mis promesas de querer ser un ejemplo para mi mamá y mi papá.

El pensamiento pesimista de mi madre me convenció y terminé creyendo que ese sueño no era para mí, ya que sin el apoyo familiar era imposible lograrlo. Desistí y engaveté todas las proyecciones que tenía de verme electa en aquellas votaciones. Muchas veces, anhelé que mi madre tuviera más disposición con todos mis deseos como niña. Nunca jugué ningún deporte y me hubiera encantado tener esa experiencia. Mis padres alegaban no tener tiempo para ese ajetreo. No querían poner algo más en su agenda porque eran unos padres muy ocupados. Mi vida giraba en estudiar y ayudar a mi abuela en los quehaceres del hogar o trabajar con ellos en el negocio. Mis abuelos eran los que se encargaban de nuestro cuidado, a lo que mis padres cumplían con sus deberes.

Para las actividades de la escuela nunca pedí permiso, siempre me apuntaba sin el consentimiento de nadie en cada cosa que pudiera hacer dentro del horario escolar. Mi nombre siempre encabezaba la lista. La mayoría de las veces me inscribía sin saber si era buena o si ganaría algún premio, simplemente, me daba la oportunidad de pasar por la experiencia. Era tan competente que hasta nominaciones especiales me gané.

Después de superar la depresión fui una adolescente optimista, valiente y trataba de cumplir cada meta que me proponía. Por eso, le permití a ese *"no"* ser el último. Nunca más dejaría pasar otra oportunidad por asuntos que no dependían de mí. Juré que sería la última vez que alguien me ponía una traba o me limitaba a la hora de conquistar.

No sé cuántas veces alguien te ha dicho que no, que tú no puedes, que no tienes las competencias para alcanzar un sueño o una meta. Quizás has sido hasta tú ocupando esa posición de impostor, poniéndole límites a esas capacidades que cargas, a tus dones y talentos que Dios te entregó. A mí me bastó creer que todo podía ser posible si me arriesgaba y creía en todo mi potencial. Mi ganancia fue aprender que los *"no"* de la vida eran los que me llevarían al camino del *"sí"*. Recuerda esto, *"la única persona que debe confiar en ti, ¡eres tú!"*. Si te tienes, estoy segura de que llegarás más lejos de lo que imaginaste. Las mayores historias de éxito iniciaron con una puerta cerrada, con un no que imposibilitaba el próximo nivel y el cumplimiento. Así que vas por un buen camino si hoy te encuentras en el lado del no. Asegúrate de no demorarte en ese espacio por mucho tiempo. ¡Sal a buscar el sí que cambiará tus días! Porque Dios quiere que te esfuerces y que alcances la promesa que Él ha hecho sobre ti. ¡Ve tras lo que te pertenece!…

Josué 1:9 dice: "Mira que te mando que te esfuerces y seas valiente; no temas ni desmayes, porque Jehová tu Dios estará contigo donde quiera que vayas".

CAPÍTULO 6

Contra la pared

Él llegó muy perfumado y vestido a la moda con mahones rotos y botas color crema. Estaba rapado y con los brazos tatuados de colores llamativos. Con ese estilo, se presentó el nuevo amor de mi mamá. Un hombre más joven que ella por un par de años. Un *lindín* de esos que se gustan a ellos mismos. Un narcisista en toda la extensión de la palabra.

A mi madre le brillaban los ojos, muy pocas veces la vi con ese resplandor en su cara. Estaba en pleno enamoramiento, como dirían en mi barrio, *enchulá*. Un calvo, fanático de la agrupación, *Sin Bandera,* y del gran ícono puertorriqueño, *Luis Fonsi.* Su perfil estaba alineado a esos hombres romanticones con *labia de la buena.* Esos que enamoran con solo echarse un buen perfume, cantar un par de canciones y recitar algunos poemas.

Los primeros meses no fue santo de mi devoción hasta sentí celos de él. Había acaparado toda la atención de mi madre, la misma que yo intentaba tener a diario. No me quedó otro remedio que darle una oportunidad. Poco a poco, lo fui conociendo y él me fue contando sus historias de la niñez. Me buscaba la vuelta con tal de ganarme como hijastra. Me regalaba imágenes coloreadas de los muñecos de esa época y me los dedicaba para eso de generar confianza.

Después de un tiempo, comenzó a hacerme acercamientos un poco extraños. En ocasiones, mientras él guiaba el carro de mi mamá con ella de pasajera, bajaba el retrovisor para mirarme y mencionaba mi nombre para llamar mi atención. También se la pasaba por todo el camino cantando esas canciones románticas y hasta parecía que algunas me las dedicaba; eso lo pensaba por su mirada. Casi no me gustaba salir con ellos para evitar presenciar estas situaciones que me hacían sentir incómoda y, a la vez, con una sensación extraña. Nadie me había mirado así, ¡nunca! Intentaba evitarlo porque me daba miedo de lo que pudiera pasar. A veces, me llamaba a escondidas de mi madre para seguir ganando terreno; siempre me quería tener cerca.

El día que me invitaron a casa de su mamá en Orocovis, dejó a mi madre con su suegra y me llevó para afuera a mostrarme la vista desde la montaña. En ese momento, no guardó distancia. Me habló lindo, todo un plan engañoso para embaucarme. No sé lo que quería porque apenas era una jovencita pura, en realidad, muy ingenua. Su insistencia me confundió y hasta pensé que sentía algo por él. Yo no sabía distinguir mis emociones y, mucho menos, sus mañas. Él era un experto en la coquetería.

Ese mismo día, nos quedamos en ese campo frío de Orocovis y mientras yo dormía, lo vi contemplándome al lado de mi cama; me asusté mucho. Cuando se percató que lo descubrí, sonrió con lujuria. Luego, se fue a la habitación con mi madre. Su personalidad era muy rara: por un lado, decía que amaba a mi mamá, pero me miraba con esa picardía como cuando alguien te encanta.

Un día, mientras estaba en casa de mis abuelos, él buscó la manera de ponerme contra la pared hasta besarme a la fuerza. Ese beso fue muy desagradable porque quiso meter su lengua en mi boca y no se lo permití. Hice la fuerza máxima para apartarlo de mi cuerpo ante ese acto obligado. Terminé empujándolo y diciéndole que estaba loco. Le dije que se lo diría a mi madre, pero recuerdo que él se adelantó y le contó todo a su conveniencia. Mi madre llegó esa madrugada devastada. No sé muy bien lo que él se inventó porque ella nunca me dijo nada. Lo único que sé fue que pudo salirse con la suya. Estoy segura de que cambió la verdad y le hizo creer a mi mamá que yo era quien lo provocaba. Él rebasó los límites y fue preparando el terreno porque quería algo más de mí.

Mi madre no escuchó mi versión y me reclamó, sorprendentemente, dijo que no confiaría más en mí. Interpreté que ella me veía como su rival y no como su hija. Ese fue nuestro peor momento. Tuve coraje porque ella no me dio tiempo para explicarle. Intenté que escuchara todo lo que él hacía, pero fue en vano. Él había sembrado la cizaña que nos separó. Lamentablemente, nuestra relación se fracturó. Ahora, yo era la culpable de *"haberme fijado en el novio de mi madre"* y él quedó como una víctima. Ese falso discurso lo desmentí, una y otra vez. Nadie sabe cuántas veces me sentí culpable; era doloroso. Un día mi padre me dijo: *"esto pasó porque te enamoraste del novio de tu mamá"*. Sus palabras me lastimaron y me hicieron sentir totalmente acusada por mi propia familia. Yo era la perjudicada. Ese hombre jamás debió mirarme con otros ojos ni dedicarme canciones, obsequiarme dibujos con alusiones al amor y a la pareja perfecta. Tampoco besarme a la fuerza y querer que estuviera cerca de él en más de una ocasión.

Después de este suceso, mi madre no terminó su relación, todo lo contrario, se mudó con él y me dejó a cargo de mis abuelos. Un día llegué a mi casa y ella estaba con mi hermana recogiendo sus pertenencias. *"Me voy a mudar y tú te quedas con tus abuelos"*, fueron sus únicas palabras. No me preguntó si me iba con ella, solo me dejó. Para mi madre, ese acto no significó un abandono porque se mudó al segundo piso de la casa de mis abuelos. En cambio, para mí, significó el acto más cruel y vengativo que alguien pudiera experimentar. Abandono emocional y físico, aunque la viera todos los días. Dejé de verla como mi madre y le quité el valor tan especial que le tenía. Le cerré mi corazón y la odié con todas mis fuerzas. Le perdí todo el respeto que le tuve hasta ese momento.

Por esa situación, comencé a contestarle a mi mamá por todo, y si me golpeaba, no titubeaba en hacerle frente. Nos llegamos a enredar a los puños, a tal magnitud, que nadie podía separarnos. Una vez, hasta mi abuela se cayó por las escaleras. Mi abuelo también sufrió por todas nuestras agresiones y siempre quiso que hiciéramos las paces. Sin embargo, la decisión de mi madre me marcó y no hubo palabras que suavizaran mi caparazón de rencor. No fue fácil restaurar ese vínculo, siempre me imaginé cargando con ese resentimiento toda mi vida. No la quería perdonar porque yo no merecía lo que me hizo. Nunca entendí cómo siendo su hija, no validó la verdad de mis palabras ni me dio el llamado beneficio de la duda.

Entre conflictos, rebeldía y problemas vivimos un largo tiempo. Mis abuelos fueron unos padres para mí y trataron de hacer lo mejor en mi crianza, pero yo me convertí en una rebelde sin causa. Todos me daban consejos y no escuché a nadie. Por todo lo que ocurría a mi alrededor, comencé a tener pensamientos de desesperanza y unas cuantas ideas suicidas. A la misma vez, un comportamiento nómada invadió mi ser. Me quedaba unos meses en casa de mi tía y otros días en casa de mi abuela hasta que al final terminé mudándome con mi padre y mi madrastra. Aun así, la ira y el rencor se adueñaron de mis actos. No podía entender cómo uno de los seres más importantes en mi vida, lastimara mi corazón cuando se supone que me cuidara y me protegiera. ¿Cómo se repara eso? En mi mente humana la respuesta era: *"¡nunca!"*. Continué viviendo lo mejor que pude con ese peso, que no me hacía feliz, sino que me consumía.

Meses más tarde, mi madre terminó dejando a su pareja, luego de que le armara un teatrito dentro de su lugar de trabajo. Él la golpeó y con ese acto terminó esa relación que nos trajo a todos tanto sin sabor. Muy pocas veces pensé en ella desde la empatía, solo la juzgué demasiado. Su manera de actuar no estaba a tono con las expectativas que tenía del rol de una madre. Sentí que me falló cuando más la necesité. Una vez, leí un pensamiento que decía: *"Los padres no son perfectos se van a equivocar y nosotros como hijos también lo haremos".* Esa frase caló muy profundo en mi ser.

Lamentablemente, muchas adolescentes que han tenido experiencias similares no hablan, callan. Es demasiado fuerte luchar cuando no creen en ti. Cuando sientes que no tienes credibilidad ante los demás. Quizás se sienten confundidas y solas, como me pasó a mí. Porque los que escuchan la versión de la víctima muchas veces mantienen el secreto y piensan que una historia así no puede ser cierta en su totalidad. Desde mi lado más vulnerable, me sentí sucia por permitir que ese hombre se traspasara conmigo. En mi caso, no me tocó mis partes íntimas, tampoco me violó, pero sí cargué con esa marca de sentir que alguien rebasó sus límites conmigo.

Si has vivido una situación similar o peor, te abrazo. Es muy difícil estar en esos zapatos y cargar ese trauma. Nunca me visualicé viviendo esa experiencia y menos en convertirme en una joven rebelde. Creo que lo más que afecta es que no te crean. Yo estuve muchas veces vulnerable y al borde de que se llevaran mi virginidad; fue muy fuerte para mí. Hoy afirmo que Dios protegió mi vida y me guardó de las acechanzas del enemigo. Dios fue mi libertador y guardador.

Salmos 40:17

"Aunque afligido yo y necesitado, Jehová pensará en mí. Mi ayuda y mi libertador eres tú; Dios mío, no te tardes".

CAPÍTULO 7

Alas para soñar

Se escuchó el ruido en los pasillos del cambio de hora, *"¡mira, hay una nueva missi!"*. La maestra asignada para ofrecer la clase de español de grado undécimo era de apellido Muñiz. En su presentación al grupo dejó claro que tenía experiencia en el magisterio, pero que se había mudado recientemente con su esposo para esta área. Venía de San Germán y estaba orgullosa de su pueblito. Además, de cumplir con su rol de educadora, su expectativa era adaptarse al cambio que la llevó a encontrarse con nosotros, sus estudiantes en el pueblo de Vega Alta.

Desde los pupitres la mirábamos con lentes de evaluación para ver si pasaba la prueba de buena gente o llevarla derechito a la lista negra. Dicen que la primera impresión es la que cuenta y yo desde el inicio le puse una estrellita porque transmitía un carisma encantador. Se veía nerviosa, aunque muy honesta ante el reto que enfrentaba.

Luego de varios meses dándome clases, ella se convirtió en el neutralizador de mi catarsis. Poco a poco, se generó confianza y me hizo un espacio en su vida, más allá del periodo

51

de su clase. Encontré en ella apoyo y quedé atrapada con su don de escucha activa y su empatía. No tardé mucho en darme cuenta de que estaba frente a una maestra con vocación, una mujer de fe. Le fui compartiendo fragmentos de mis vivencias personales y le expliqué cómo la escritura me aliviaba el alma y me ayudaba a manejar las situaciones de dolor. Sus consejos me ayudaron a no soltar ese arte de expresión que tenía y que al final me mantenía coherente. Sus palabras me inspiraron mucho, ella llegó justo a tiempo. Me hizo tener la convicción de que nada era imposible para mí, incluso, para lo que no me sentía capacitada.

Un día se ofreció a llevarse de vez en cuando mis escritos para corregirlos y no dudé en tomarle la palabra. Comencé a dejarlos en su escritorio y anhelaba que me dijera que los leyó. Amé su bolígrafo azul y también el rojo cuando me hacía sugerencias y corregía algunos errores ortográficos. Todo lo que hizo por mí fue lo que me marcó para bien. Me imaginé, una y otra vez, rompiendo los esquemas. Gracias a que no pasé por desapercibida ante sus ojos, conocí lo que era ser importante para alguien más. Ella me invitaba, a diario, a asomarme al éxito. Su manera de visualizarme era fuera de este mundo. Me dio más certeza que dudas y le creí con convicción. Elevó mi autoestima a mil. Me sentí respetada, valorada y amada por ella. Su trabajo en mi vida fue desde la simpleza y caló a profundidad mi ser. No dejó de sembrar en mi vida y su salón me regaló alas. Esas alas imaginarias, pero con un poder único e insuperable de transformación; libre para volar.

Aún guardo la biografía que hice para su clase. En un papel plasmé mis metas a corto plazo. Sin titubear, con lápiz en mano, escribí que mi mayor deseo era convertirme en presidenta de mi clase graduanda, esta vez, de cuarto año. Ese sueño nunca murió en mí, siempre estuvo latente. Cuando redacté ese trabajo me prometí guardarlo como testigo de que, si me proponía alguna meta y la trabajaba, era muy probable que se convirtiera en una realidad. Así que el próximo año, con esa declaración, me fui a la revancha. Mi madrastra y mis amigos me ayudaron con la propaganda. Todo indicaba que la oportunidad era mía y lo logré milagrosamente. Dios me regaló esa gran oportunidad y, esta vez, no conté con mi mamá.

Tengo que decir que fui la presidenta de la clase graduanda Sirius del año 2007. A partir de esa fecha, me comprometí en asistir a cada reunión sin compañía. Muchas veces tuve que caminar de noche desde mi casa hasta la escuela para cumplir con la encomienda del puesto. Lo hice con mucha pasión, era mi momento, y el sacrificio era parte del proceso. Estuve rodeada de una directiva de padres que se convirtieron en una familia para mí y siempre me apoyaron. Hasta en una competencia de oratoria me matriculé y gané el primer lugar. El premio fue en efectivo por lo que aproveché y me pagué la cuota de graduación para no deberle ese logro a mis padres.

La Señora Muñiz cambió mi vida y me preparó para que evolucionara mi manera de pensar. Me ayudó a entender que todo lo que hacía por mí era justamente lo que yo necesitaba. Sus ojos siempre mostraron admiración y validación, sin duda, fue esa persona clave que llega justo cuando necesitamos.

Todos podemos dar fe que existen seres como la Señora Muñiz que se alinean con la temporada que vivimos. Personas mágicas que nos salvan sin saberlo, que nos vuelven a la vida y nos recuerdan el propósito. ¿Te ha pasado? Sé que ya recordaste algunas de ellas porque es imposible enfrentar la vida en soledad. Agradece por cada vida que te ayuda sin tú pedirlo, que piensa en ti sin ser parte de tu familia, y que te motiva a ser mejor cuando ve tu potencial. Esa gente es la que necesitamos cerca.

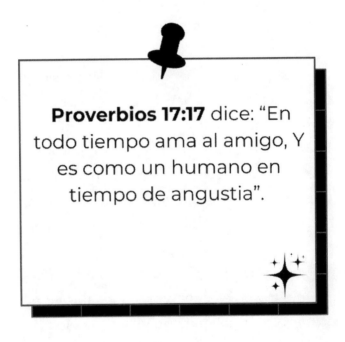

Proverbios 17:17 dice: "En todo tiempo ama al amigo, Y es como un humano en tiempo de angustia".

CAPÍTULO 8

La graduación

Era lunes. Recuerdo que un compañero de clases al verme por el área del comedor de la escuela susurró con empatía, *"lo siento mucho"*, como quien acompaña en un momento de tristeza. *"¿Por qué?"*, le pregunté, curiosa. Su silencio delató la típica cara de que *"la embarré"*. Le rogué que me contara lo que sabía porque no quería pasar por la tortura de maquinar una escena equivocada.

Entramos al comedor y él no tuvo más remedio que explicarme que, durante el fin de semana, a mi padre lo habían arrestado en su negocio junto a otras personas. También le confiscaron su auto; sorprendida, no pude decir ni una palabra. Traté de procesar la información, pero me quedé paralizada. Estaba ante la noticia que temía que pasara, en ese instante, se detuvo el reloj y las piernas no me sostuvieron. Pensé que no podría continuar el resto del día en la escuela sin estallar en llanto. Era imposible, lo sabía. Hice el mayor esfuerzo para reponerme y llegar al salón, pero la reacción de mi cuerpo me traicionaba. Me senté en la silla y respiré profundo. Luego le pedí permiso al maestro para ir al baño y allí me desplomé, me fui en blanco. Rápidamente, llamaron a una ambulancia porque no sabían lo que me había ocurrido. Estoy segura de que la culpa dejó mudo a mi compañero de clases, aunque no sé si dijo algo. Cuando desperté del letargo, pedí que se comunicaran con mi mamá y ella no contestó. No hubo otro remedio que llamar a mi abuelo, aunque en el fondo sabía que era una mala decisión. Mi abuelo llegó a la escuela muy rápido, su rostro reflejaba preocupación. Conociéndolo, sabía que su corazón estaba hecho pedazos creyendo que mi crisis era por todo lo que enfrentábamos como familia. *"Aunque tengamos que dormir debajo de un puente, vamos a salir hacia delante porque somos gente buena"*, me dijo mi abuelo con sus ojos llenos de lágrimas. *"No digas más, abuelo. Por favor, llévame a casa"*. Lo que nadie sabía en mi escuela era que estábamos pasando por un proceso de desahucio. Ese proceso vino a quitarnos la estabilidad y la seguridad de nuestro hogar. Por esa razón, no le conté la verdad de mi crisis a mi abuelo, ya era suficiente por todo lo que estaba pasando. Tarde o temprano se enteraría, pero no era el momento adecuado. Era evidente que mi abuelo desconocía lo de mi padre porque me lo hubiese contado. Esperé a que llegara mi madre a la casa de mis abuelos y le dije la terrible noticia. Ella se mostró asombrada porque nadie la había llamado. *"¡Eso no es verdad Zuan, eso no es cierto!"*, repetía esas palabras mientras secaba mis lágrimas.

Mi madre hizo varias llamadas y no tuvo otro remedio que confirmarme con las palabras, lo que su rostro ya me decía. Entonces, sí que me descontrolé como nunca, lloré, y grité desde mi alma. Ambas nos caímos juntas en plena calle. Ella trataba de consolarme, sin éxito. Los vecinos llamaron a la policía porque creyeron que estábamos peleando nuevamente. Nadie pudo controlarme de aquel desgarrador momento. *"Mi papá está preso, ¡no puede ser! ¡No quiero verlo en la cárcel!"*.

No fue fácil para mí. Viví dos procesos: mi padre en la cárcel y mis abuelos perdiendo su vivienda. El resto de la semana no fui a la escuela. Mi padre salió en libertad después de que lo fiaran y así comenzó su caso a nivel estatal. Recuerdo que cuando me dijeron que saldría de la cárcel lo esperé todo ese día con ansias. Cuando lo vi llegar corrí desde el negocio hasta la casa de mi otra abuela y me le trepé encima; lo besé hasta en la boca y nos fundimos en un abrazo profundo.

A mi familia le llegó el tiempo de estar en la cuerda floja. A mí me tocó escuchar comentarios de personas que pedían mi renuncia como presidenta de la clase graduanda por la situación que enfrentaba mi padre. Esas personas fueron crueles y sin nada de empatía. Sin embargo, yo sentí que una cosa no tenía que ver con la otra. Mi padre enfrentaba sus consecuencias y su vida no era la mía. Mi realidad fue la que me llevó a querer representar al estudiantado. Sabía que al igual que yo, existían estudiantes que se esforzaban por ser diferentes. Por esa razón, yo deseaba ser la voz del otro, del que no apoyaban o de aquel que se ausentaba por situaciones del hogar que estaban fuera de su control. Con esa filosofía era imposible renunciar.

En medio de una reunión solo hice una petición a algunos maestros y padres. *"Si quieren cambiar el mundo, premien a cada uno de los estudiantes que nadie ve y que carecen de apoyo familiar. Esos son los que necesitan brillar"*. Yo sabía que tenía alas grandes para volar, gracias a las situaciones difíciles que me habían tocado vivir. No necesitaba nada más... solo ser una voz, el eco de los silenciados, de los marginados; porque allí estaría yo, apoyándolos.

Meses después, llegó la graduación, y con ella, el sentimiento de victoria. Nuestra actividad fue en el parque pasivo, Héctor Flores Pantoja en Vega Alta. La actividad se celebró al aire libre y no hubo límite de invitados; fue una graduación de pueblo. Yo me senté en primera fila para ver cómo los estudiantes se emocionaban con cada premio recibido. ¡Ellos se lo merecían y yo estaba feliz! Mi discurso fue uno de resiliencia porque le hice frente a la adversidad. Me adapté, aprendí y me fortalecí. Las primeras líneas de mi discurso, todavía las recuerdo:

"Gracias a Dios porque llegó este día y mi papá no está imaginándose este momento desde los barrotes de la cárcel. Gracias a mis abuelos y a sus valores hoy abrazo mi mayor logro, estar aquí superando cada una de las adversidades que enfrenté en este año escolar".

Mi padre tenía una deuda ante la justicia, con un futuro lleno de incertidumbre, en libertad, pero atado a una sentencia. Fue muy duro escuchar el eco de mi voz aquella tarde en mi graduación, ¿mi propósito? Ser sincera y agradecida. Allí estuvo toda mi familia y unos cuantos que creyeron en mí. Quizás nadie recuerde mi discurso, en cambio, yo recuerdo que lo logré. La escena trágica de niña no me destruyó, la enfrenté, y más de doscientas personas fueron testigos de mi valentía.

El caos en mi vida siempre ha sido la antesala al aprendizaje, a la oportunidad de transformación, una completa metamorfosis. La parte más difícil del caos es que siempre se sale con heridas, pero te aseguro que crecerás durante el proceso. Cada uno de nosotros decidimos el significado que le damos a nuestras cicatrices. Somos los que podemos decidir ser reales y vulnerables, con el poder de ver el logro, aun en medio de la tempestad. Somos aquellos a los que el mundo les da poco valor, pero que Dios siempre prefiere.

Te regalo este versículo que se encuentra en **1 Corintios 1:27-29...**

27"sino que lo necio del mundo escogió Dios para avergonzar a los sabios; y lo débil del mundo escogió Dios para avergonzar a lo fuerte; **28** y lo vil del mundo y menospreciado escogió Dios, y lo que no es, para anular lo que es, **29** para que ninguna carne se jacte en su presencia".

CAPÍTULO 9

Un encuentro

"Fuiste aceptada en la Universidad de Puerto Rico, Recinto de Río Piedras, ¡felicidades!". Esas fueron las palabras de una de las empleadas de la institución durante la llamada que hice. Me convertí en jerezana y estaba muy feliz de ese pase de aceptación. Mis padres no tuvieron esa oportunidad, en cambio, era mi turno para lanzarme a ese reto con emoción y adrenalina. Mi primer año lo comencé en junio y así conocí la diversidad en todo su esplendor. Fue el escenario perfecto para salir de la zona cómoda y crear mis propios argumentos, adaptándome a mi nueva realidad como estudiante universitaria.

En ese verano coincidí con dos chicas que fueron una bendición para mí. Desde que las vi, sabía que tenían algo especial. Ambas lucían resplandecientes, con mirarlas, podía distinguirlas entre las demás personas. Yo siempre tomaba un espacio de mis periodos libres para dialogar con ellas porque impregnaban una paz sobrenatural. Sus conversaciones eran sanadoras y profundas porque habían conocido al amor inagotable, al único que las rescató y les dio vida nueva.

Con el pasar del tiempo, su amistad me llevó a mirar a otra dirección, al madero. El único sacrificio que venció toda maldición en nuestra vida, eso me lo enseñaron ellas. Sus palabras hicieron eco en mi corazón porque me llenaban de fe. Continuamente provocaban que mi vida estuviera expectante a ese Dios al que llamaban, Padre. Repetían, una y otra vez, *"si Dios lo hizo con nosotras, lo puede hacer contigo"*. Comencé a creer que yo podía ser parte de esa declaración. De repente, yo también repetía, *"Dios lo puede hacer contigo Zuanetley, no hay nada imposible para Él"*. Sin dudas, Dios utilizó a esas dos chicas para que yo pudiera ver lo que antes había ignorado: su existencia, su amor y su cuidado. Sin visitar la iglesia, me hicieron discípula y me ayudaron a creer que todo era parte de un plan diseñado para mí. Sembraron la semilla y me hicieron consciente de que mi vida tenía un valor incalculable en las manos del maestro. Me dijeron, muchas veces, que mi vida era un testimonio hermoso, capaz de llevar a otros a los pies del Señor. Aunque no lo comprendía del todo, estaba segura de que Dios estaba trabajando en mí y me preparaba para su obra redentora. Sentí un cambio desde mi interior, una felicidad inigualable.

El 9 de octubre del 2007, perdí a mi abuelo, el capitán del barco. Con su muerte, mi abuela y yo quedamos sin un futuro claro porque estábamos próximos a mudarnos a una casita que él estaba habilitando, pero era parte de una herencia que dejó mi bisabuela. Así que no era muy conveniente vivir en esa casa; sin muchas alternativas, nos fuimos con mi mamá.

Con la pérdida de mi viejo, algo distinto pasó, sentí que no sería capaz de recuperarme. No obstante, cuando no tenía esperanza venían las palabras de esas chicas a mi mente, como un viento recio, ese que hacía palpitar fuerte el corazón. Dios estaba haciéndose real en mí, y armaba un plan perfecto para liberarnos como familia: la temporada de rendir nuestras vidas y dejar que Dios restaurara todo lo que se destruyó.

Un 23 de marzo de 2008, visité la iglesia con quien era mi suegra y le entregué mi vida al Señor. En el altar dejé todas mis luchas, tragedias y hasta los santos a los que les prendía velas. Puedo testificar que en ese encuentro fui una nueva criatura. La Zuanetley que entró por las puertas de esa iglesia en un domingo de resurrección, no fue la misma que salió. Realmente nací de nuevo, el Espíritu Santo impactó mi vida. Una palabra, un llamado, una oración de fe, provocaron un milagro para mí. Dios comenzó conmigo y ese día regresé a casa con el corazón lleno de paz y le conté a mi madre, a mi hermana y a mi abuela sobre mi conversión; con la misma emoción que se siente cuando alguien consigue un tesoro. ¡Era mágico, surreal! Todas se quedaron impresionadas y un poco dudosas del paso que tomé hasta que me vieron sacar del cuarto el altar de santos. Semanas después, las invité conmigo, solo mi madre me acompañó y aceptó a Jesús. Ambas comenzamos a vivir un proceso de restauración y, con el tiempo, nos perdonamos y decidimos permitirle a Dios estar en el centro de nuestra familia.

Cuando le damos la oportunidad a Dios se ordena lo torcido; nosotras restauramos la familia, hubo reconciliación.

Reconocimos el único nombre, sobre todo nombre, a Jesús. Fuimos consoladas y liberadas de toda atadura porque su perdón se manifestó en nuestras vidas. Todo comenzó a cambiar, sin mucho esfuerzo. La plenitud de Dios tocó nuestros corazones. Él fue la pieza perfecta para que nuestra casa fuera libre. Aunque todas pusimos de nuestra disposición, Él fue quitando lo que no nos hacía bien. Comenzamos a ponernos al servicio de la iglesia, nos hicimos miembros y fuimos juntas a las aguas bautismales. Desde mi conversión, esa fue una de las experiencias más bonitas que tuvimos como familia; ese día, sentí que llegamos a casa.

El primer ministerio en la iglesia al que pertenecí fue el de maestros y estuve activamente en el grupo de jóvenes. Fuimos un grupo apasionado porque salíamos a orar por todos aquellos que necesitaran ser llenados del amor de Dios. Muchas veces prediqué para contar mi testimonio. Llegar a una iglesia de segundas oportunidades, nos permitió valorar nuestras historias de vida para seguir llevando el mensaje: *"Si Dios lo hizo con nosotros lo podrá hacer con cada uno de ustedes".*

Si le sirves, sabes lo maravilloso que es vivir en su presencia. Si todavía no le conoces, déjame ser esa persona que te dice: *"Dios espera por ti y quiere llenar tu vida de bendición".*

Apocalipsis 3:20 dice: "He aquí, yo estoy a la puerta y llamo; si alguno oye mi voz y abre la puerta, entraré a él, y cenaré con él, y él conmigo".

CAPÍTULO 10

Les di vida

Desde que me convertí al evangelio, la parte más difícil como joven fue abstenerme a no tener relaciones sexuales, pues ya no era señorita. No sabía ni por dónde empezar a trabajar con esta situación, esa era mi verdad. La intención de mi corazón, en ese momento, era vivir una vida conforme a Dios. No encontré muchas soluciones y en ese vaivén decidí darme un tiempo con mi novio de toda una vida para evitar caer en la fornicación. No era justa la situación para él, al fin y al cabo, era mi vida la que estaba cambiando.

Para canalizar las emociones de mi ruptura, me dediqué a servir en varios ministerios de la iglesia. Fui considerada por mi pastor para ir a un viaje misionero a Haití, meses después del terremoto. Al regresar del viaje, mi madre me dijo que mi exnovio estaba muy preocupado por mí y decidí llamarlo. Luego de ese acercamiento, nos vimos en varias ocasiones sin reconciliarnos como pareja formalmente. Estábamos en ese fluir para ver lo que pasaba. En uno de esos encuentros tuvimos intimidad y salí embarazada. Esa etapa llegó con la mala barriga incluida y tuve que darme de baja de la universidad en mi tercer año. Me sentía muy enferma y fue imposible continuar con mi rutina de vida. Entonces, tuve que dejar a un lado mis estudios para dar vida. Justo cuando sentía que estaba en mi mejor momento, terminó pasando lo que no quería, fallar y salir embarazada fuera del matrimonio.

Tan pronto me enteré de la noticia, lo primero que hice fue hablar con mi pastor y renuncié a todo lo que estaba haciendo en la iglesia. No quería dañar a otros jóvenes, sentí el peso de no haber hecho lo correcto. En la oficina, sus palabras estuvieron llenas de misericordia y amor para mí; siempre directo y sin muchos paños tibios. Agradecí su consejo pastoral porque era justo lo que necesitaba escuchar en ese momento de vulnerabilidad. No niego que se me hizo difícil ir a la iglesia mientras mi vientre crecía, era una lucha mental y espiritual muy fuerte. Sin embargo, nunca me sentí excluida, sino amada, aceptada y valorada por mis hermanos. Aun así, la mente siempre jugaba un papel acusador; era algo constante. Puedo dar fe que nunca escuché comentarios acerca de *"mi metida de pata"*. Por encima de todo lo que estaba viviendo, nunca me aparté ni falté a la iglesia, al contrario, necesité más de Dios. Conocí al Dios perdonador, ese que nos limpia cuando caemos en el fondo de los fondos. Aquel que nos levanta del hoyo más profundo. Ese que se perfecciona en nuestras debilidades. Este proceso lo pasé agarrada de la fe porque siempre hubo personas claves que me recordaron que Dios tenía un plan maravilloso para mí.

El día de la revelación del sexo del bebé, la vida se empeñó en sorprendernos, una vez más. La sonografista nos dijo sin mucho rodeo, *"¿saben que son dos bebés?"*. Nos miramos y sonreímos esperando que fuera una broma. Ella, al ver nuestro asombro, se dio cuenta de que no sabíamos la noticia y del pasme terminó diciendo, *"felicidades son dos niñas idénticas y están completitas"*. Procesar esa otra noticia fue manejar muchas emociones juntas. Para el padre de las niñas fue casi una tragedia hasta dejó de hablarme por varios días.

Mi madre sin mucho que esperar puso sus condiciones y nos pidió que nos casáramos. Después de casi tres de cancelaciones por dificultades con el embarazo se logró hacer la boda. Me prestaron hasta la iglesia para celebrar la recepción. Mi esposo y yo nos fuimos a vivir para casa de mis suegros en lo que terminaban de reconstruir un apartamentito que me empeñé que arreglaran en casa de mi abuela paterna.

Tuve un embarazo de alto riesgo, vomitaba más de veinte veces al día. Mi salud mental se descontroló y estuve hospitalizada en siete ocasiones para mantener a esas niñas con vida. Para esa temporada, amé a mi madre más que nunca. La necesité a diario y hasta me dio con dormir con ella y mi padrastro en la misma cama de vez en cuando. Me metía a la ducha con ropa y me sentaba a ver el agua caer porque no sabía ni qué hacer o decir para sentirme mejor. Me hicieron todos los remedios caseros para aliviar mis malestares y nada funcionó. Tenía la típica idea de que todo lo que me estaba pasando era por mi pecado.

Las gemelas nacieron prematuras y pesaron cuatro libras. Fue todo un acontecimiento, más de diez estudiantes de enfermería las vieron nacer. Luego, todo fue un caos. Ellas lloraban mucho y yo lloraba de tan solo mirarlas. Todos hablan de lo hermoso que puede llegar a ser la maternidad, pero muy pocos hablan de los desafíos que se enfrentan. En mi caso, no sentí un amor instantáneo por mis hijas, sino un peso aplastante, dudas, incertidumbre y miedo de no hacerlo bien. Sentí que perdí mis sueños y también mi esencia. Aunque tengo que aceptar que en otros momentos las miraba tan tiernas, chiquititas y perfectas que era imposible imaginarme una vida sin ellas.

Durante sus primeros meses de vida trataba de acostumbrarme a mi nueva yo. La responsabilidad era tanta que no podía sola. Esas niñas tenían cuartos en todas las casas. Mis familiares siempre me apoyaron para que tuviera un tiempo para respirar de la faena, especialmente, mi padrastro que vivía para darme la vueltita del bobo. Mi hermana hasta se mudó conmigo para ayudarme en las noches porque el papá de las gemelas trabajaba turnos nocturnos en una fábrica. Nuestro apartamento era de un cuarto y tan pronto él llegaba de su turno, me iba con las nenas para la cocina hasta que se levantara. Muchas veces, me sentí sola e incomprendida; encerrada en aquellas cuatro paredes.

Estuve dos años cuidándolas hasta que regresé a la universidad porque un programa cubrió el pago del cuido. Me disfruté a mis hijas, su crecimiento, nuestra conexión era muy hermosa. Confieso que regresar a la universidad requirió, esta vez, un esfuerzo mayor. Ahora era madre, esposa y estudiante. Pensar en mis hijas, era una vitamina para mí. Las nenas fueron la razón para no rendirme. En ese tiempo, me esforcé como

70

nunca para dar lo mejor de mí, ante todos los roles que tenía. Al final lo logré y obtuve un bachillerato en Artes con concentración en Trabajo Social. ¿Lo mejor de todo? ¡Fui alto honor!

La sensación de satisfacción fue la mejor parte porque todo se acomoda y todo tiene su tiempo. No fue fácil, ya que me costó aprender que una pausa jamás puede detener el propósito que estaba destinado para mí. Se vale retomar cada meta inconclusa, solo hay que ser perseverante y siempre contar con Dios.

Te regalo este versículo que se encuentra en **Eclesiastés 3 :1**...

"Todo tiene su tiempo, y todo lo que se quiere debajo del cielo tiene su hora".

CAPÍTULO 11

Miedo paralizante

Él cambió. Se mostraba desinteresado y un poco distraído. También se comenzó a preocupar por su aspecto físico. En mi interior tenía esa corazonada de que algo no estaba bien entre nosotros. Era inevitable no pensar que estábamos en una crisis matrimonial. Preferí echarle la culpa a la rutina, al turno de su trabajo, a la maternidad y a las dificultades económicas que enfrentábamos en ese tiempo. Me hice aliada de la frase popular de que todos los matrimonios pasan por crisis y las superan. Estaba confiada que nosotros no seríamos la excepción.

Fue una carga pesada, me sentía irritada por su distancia y hasta llegué a pensar que ya no era lo suficientemente atractiva para él; o quizás, lo había descuidado como mujer por el afán de cumplir con todas las responsabilidades del hogar y la crianza. En nuestras conversaciones acerca de nuestra relación, él siempre negaba que algo estuviera pasando. Sus palabras no coincidían con nuestra realidad. Sabía que disimulaba para convencerme de que todo estaba bien, pero ya no hablaba conmigo como antes; era como si estuviera su cuerpo presente, no su alma. Sus ojos estaban perdidos y muy pocas veces se notaba concentrado en nosotras. Su rechazo hacia mí era sutil, aunque evidente. La frustración y el hecho de no saber manejar la situación que atravesamos provocaba que le dijera palabras hirientes, y en mi cabeza aumentaban las dudas y las sospechas.

Una tarde salió a correr y dejó su celular, entonces, lo revisé y guardé varios números que no estaban identificados. Para mi sorpresa, entre ellos, estaba el de nuestra vecina. Al llegar tuvimos una discusión y tengo que admitir que perdí el control; le grité y lo empujé frente a nuestras hijas. Su llanto hizo frenar mi coraje. Desde ese día se fue del apartamento y no regresó. Intenté en varias ocasiones dialogar con él para ver qué pasaría con nosotros y sus palabras fueron, *"yo no sé si quiera volver contigo"*. En ese momento, sentí que era la responsable de que no quisiera regresar. Le pedí disculpas por mi reacción y no fue suficiente. Se veía tan confundido e inseguro, no decía ni una cosa ni la otra. La discusión por la vecina pudo ser la excusa perfecta para irse y escapar de aquello que callaba.

Durante las primeras semanas que estuvimos separados, un joven me contactó por una red social y me preguntó si yo era la esposa de… haciendo referencia a su nombre y apellido. Al responderle que sí, me envió varias fotos como prueba de que mi esposo estaba saliendo con alguien de su trabajo, para colmo, ella era su novia. Aquel joven herido tenía la pura intención de destapar una caja de pandora porque quería destruirlo. En cuanto a mí, era la evidencia que me faltaba para armar el rompecabezas de su distancia. Lo único que le contesté es que estábamos separados para suavizar el impacto de la noticia. De esta manera, me enteré de que no era la vecina, era alguien más en su vida. La noticia fue imposible de creer, las piernas me fallaron. Estaba en la universidad y no podía caminar por aquel pasillo, se me nubló la vista. Fue como si mi niña y la mujer se juntaran por el dolor. Se activó mi memoria y recordé el llanto desgarrador de mi madre cuando enfrentó lo mismo. Ahora, era yo, la que tenía que afrontar esa desilusión. La vida me trajo, irónicamente, hasta sus zapatos a la misma edad.

No sé qué tiene ese momento que, aun conociendo la verdad, quieres luchar y salvar tu familia. Es una resistencia combinada con negación. Me uní al club de las mujeres que sienten que hay que luchar por salvar el matrimonio a causa del bienestar de los hijos. Más de una vez le pedí que recapacitara, sabiendo que ya era tarde. Él se había alejado del compromiso que nos había mantenido unidos en matrimonio y de esa promesa que nos hicimos en el altar.

La separación fue un proceso feroz, las nenas lloraban porque él no regresaba. Yo estaba destruida y, a la vez, desesperada porque guardé la esperanza de que volvería un día a la casa. Lo esperé muchas veces en nuestro apartamento y hasta tuvimos encuentros íntimos, al final se iba y cerraba la puerta.

Un día tuvimos una conversación definitiva. Él se armó de valor y en un acto heroico me dijo su verdad, *"la quiero y me voy a quedar con ella"*, refiriéndose a la misma chica que vi en las fotos. Tuve que aceptar que no fue un desliz, que no había oportunidad para un proceso de reconciliación, perdón y restauración para nosotros. Confieso que lo admiré por tener esas agallas, aunque nunca se lo dije. Jamás lo había escuchado tan seguro de algo hasta ese momento. Con esas palabras se destruyó el hilo que sostenía nuestro matrimonio. Llena de coraje, entendí que era el final. No fue una pérdida liviana ni comparada con las anteriores, esta vez, fue diferente, porque no solo perdí a mi esposo, también a mi amor desde mis catorce años. Con él, pasé mis mayores tristezas y disfruté mis mayores alegrías. La verdad es que desde que nos convertimos en padres no imaginé una vida sin su presencia en la mía. Puedo decir que era la persona más importante para mí y sus padres también eran los míos.

Durante esa fase, me embargó un miedo paralizante. ¿Cómo le voy a decir a mis hijas que su papá no regresará a casa? ¿Dónde voy a conseguir un trabajo para mantenerlas? ¿Superaré este proceso? ¿Me va a abandonar cuando más lo necesito? ¿Por qué ahora? ¿Qué tiene ella que no tengo yo?

La ambivalencia de este proceso fue agotadora. Mi autoestima se fue al suelo. No hubo un día en el que dejara de sentirme insuficiente, fea y triste. Tuve que secar las lágrimas de mis niñas, esa fue la parte del proceso que más me dolió. Recuerdo que le hice un lema y cada vez que se ponían tristes se lo repetía: *"Somos valientes porque le pasaremos por encima a la tormenta y esta tormenta la pasaremos, se los prometo mis niñas"*.

Llegué a sentirme sola, derrotada y destruida, como si mi cuerpo estuviera en carne viva. Respiré profundamente muchas veces y ese mismo patrón se repitió todas las noches.

Tapaba mi boca para que mis hijas no me escucharan gritar. Tuve ideas suicidas, esta vez, con mis hijas incluidas; y eso me asustó demasiado. Cada vez que venían esos pensamientos buscaba la manera de volver a recapacitar. Me decía frente al espejo, *"este no es tu final. Te levantarás, otra vez, siempre lo has hecho. No te quedarás desamparada porque tú y tus hijas tendrán una vida maravillosa después de esto"*.

Escribí varios versículos bíblicos en las paredes de mi apartamento para que el sufrimiento y los pensamientos negativos no me nublaran ni me hicieran olvidar que había una promesa sobre nosotras. Puedo testificar que tan pronto abría los ojos chocaba con esas palabras que me infundían de aliento. Esas letras fueron un escudo de fortaleza en medio de mi aflicción.

Algunos allegados me aconsejaron que debía esperar a que él recapacitara, que mantuviera mi fe y que fuera una mujer sabia. Esos consejos me drenaron porque ellos no estaban en mi situación. ¿Como podía esperar por alguien que ya me había dejado? Mucho más, cuando ya había decidido otra vida. Me tocaba soltarlo y eso hice; lo necesitaba, al mismo tiempo, no quería arrepentirme.

En un culto le hice una petición al Señor: *"Padre necesito que me hables y me ayudes a tomar una decisión"*. Al finalizar, un pastor que vino por primera vez a la iglesia me dijo: *"El Señor te dice que lo que tengas que hacer, lo hagas ya"*. Así que tomé esa palabra como confirmación y sin mucho más que pensar ni orar le solicité el divorcio. Fuimos juntos al tribunal para someter la moción por mutuo acuerdo y escogimos la fecha para dar por terminada nuestra unión. El día del divorcio salimos juntos de la sala y lo invité a desayunar. Recuerdo sus lágrimas y las palabras que repetía, *"Zuane las nenas, las nenas"*. Esa mañana entendí que lo más importante era la responsabilidad que ambos teníamos de sanarles el corazón a nuestras hijas. Quizás, contábamos con esa oportunidad de permanecer unidos para compartir en los eventos y ser felices cada uno por separado; todo por las nenas. Ellas merecían ese regalo de amor, contar con unos padres capaces de borrar sus propios resentimientos para ayudarlas a crecer lo más estable posible. Así que nos comprometimos a no fallarles y eso fue más que una promesa.

El proceso no concluyó en ese tribunal. Después de esa firma, comenzó el verdadero duelo que llega sin pedir permiso: enfrentarte a una nueva vida y a nuevos retos. Esta era una lucha distinta porque tenía a dos niñas que me veían como su ejemplo. Necesitaba sobreponerme y hacerlo mejor que todas las veces anteriores. De todo se aprende, pero esta vez, recibí una gran enseñanza: *"Cuando amas a una persona y no puedes hacer nada más por ella, déjala ir; eso también es un acto de amor"*. Desde esa verdad, se me hizo imposible no perdonar al padre de mis hijas y a esa chica que se enamoró de él.

Un día en mi apartamento oculté mis lágrimas y me puse de espaldas a las nenas, de repente, sentí sus manos sobre mí y las escuché orar. Esa fue la oración más hermosa y poderosa que pude recibir en toda esa temporada. Me conmovieron sus palabras: *"Señor cuida a mi mamá. No la dejes sola, nosotras estamos en tus manos"*. Sus vocecitas me llenaron de fortaleza ese y los siguientes días. Con esfuerzo y dedicación, me convertí en madre soltera y estudiante de maestría. Peleé sin descanso porque una madre nunca se rinde.

La pérdida de un matrimonio es un evento tan escalofriante, sea la razón que sea. Duele y mucho. Si lo has vivido, sabes a lo que me refiero. Es sentir que la vida nos pone a caminar por la cuerda floja. El panorama se torna oscuro y algo confuso hasta que soltamos y vamos recuperándonos a nuestro ritmo. El duelo no es lineal y es distinto para cada uno de nosotros. Sin embargo, nunca nos deja igual. Si estás pasando por alguna pérdida, sé lo difícil que es estar en ese proceso. Te aconsejo que lo vivas un día a la vez y no dejes afuera del panorama al Dios que restaura porque sin Él nada, con Él, todo.

Eclesiastés 3:15

"Aquello que fue, ya es; y lo que ha de ser, fue ya; y Dios restaura lo que pasó".

CAPÍTULO 12

Me reconstruyó

Conocí a un chico luego de mi divorcio; esa parte no estaba en mi agenda. Mi primera salida en busca de nuevas amistades fue con él. Llegó hasta casa de mi madre para dejar su carro y nos fuimos en el mío. A pesar de mi edad, mi madre salió al balcón para ver con quién me iba. Él no se había bajado bien del carro y ya su olor se había presentado primero. *"Al menos huele rico"*, pensé. Ese día decidimos ir a comprar unos mantecados y hablar un rato. Entre sonrisas e intercambios de palabras, le adelanté mis intenciones: *"Estoy en busca de amistades"*. No quería que viniera a tirarme *"la labia monga"* desde la primera salida. Me sentí extraña, lo admito, pero también segura de disfrutar mi soltería.

De casualidad, estudiamos en la misma escuela superior y creo que nunca lo vi ni por los pasillos. Quizás pasó por desapercibido ante mis ojos. De primera impresión supe que era distinto a mí, un picaflor con experiencia; en cambio, yo era una chica que ni salía de aquí a la esquina. Todo apuntaba a que nuestra amistad iba a ser una casual. Salimos de vez en cuando y aunque se lo advertí, era evidente que tenía otras intenciones

81

conmigo. Nada lo alejó, ni el dolor que sentía en ese momento y mucho menos mis hijas. Él se quedó. Tuvo la oportunidad de escoger a otra mujer con otras posibilidades, pero se empeñó en mí. Cuando pienso en él y en sus agallas, siempre llego a la conclusión que es el hombre con más fe en todo el planeta. Se quedó aun sabiendo que era un riesgo secar mis lágrimas y prometió esperar el tiempo necesario para conquistar mi corazón; ¡y lo logró! Llegó a mi desierto a sembrar amor.

Él dejó de llamarme por mi nombre y comenzó a decirme cariñosamente, cielo. Su trato era justo lo que siempre quise tener, un amor oportuno de esos que llegan y te cambian la vida con girasoles y un simple estar. Entre sus planes de vida estaba que fuera para él. Se dio a la tarea de escuchar mi lista de deseos y cumplió con cada uno de ellos, sin pedírselo. Fuimos desde El Yunque hasta la Cueva Ventana; todo por verme sonreír. Conoció a mis hijas de la misma manera que a mí, con un mantecado; desde ese día, se hizo parte de nuestras vidas. Gracias a sus atenciones, me hizo creer en la posibilidad de tener otra oportunidad en una relación. Comenzó a acompañarme a la iglesia y aceptó, en un llamado, entregar su vida a Dios.

Después de un tiempo, me pidió que fuera su novia con micrófono en mano. Tenía un papelito de rayas con algo escrito y se le aguaron los ojos al leerlo. En la otra mano tenía un ramo de rosas rojas y frente a todos en la iglesia le dije que sí. Sabía que las cosas no iban a ser tan sencillas porque no llevaba mucho tiempo de divorciada. De hecho, de esto es de lo único que me arrepiento porque no me di el espacio suficiente para procesar todo lo que estaba viviendo. En un abrir y cerrar de ojos ya estaba en otra relación comprometiendo mi corazón. Me arriesgué para no perderlo. Desde que lo conocí, soñó tanto como yo, y se hizo parte de cada uno de mis proyectos con un amor invaluable. Nos hicimos una familia. ¿Lo más que disfrutábamos? Danzar con las nenas.

Decidimos casarnos y tuvimos la boda que soñamos con toques de *Batman* incluidos. No todos aprobaban nuestra unión, sin embargo, teníamos un compromiso y, sobre todo, amor. Él se convirtió en la figura paterna para mis hijas. No tenía hijos propios, así que se lanzó al reto de encargarse de las nenas como si fueran suyas. Les enseñó a amar los deportes y siempre le buscaba los equipos para que se desarrollaran. En la lista de padres de cada equipo, su nombre siempre encabezaba la lista.

Su mayor anhelo era convertirse en padre biológico y aunque el proceso de gestación no era muy encantador para mí, acepté la idea por amor a él. Nos dimos a la tarea de planificar nuestro primer bebé. En Noche Buena, Santa trajo un regalo para cada uno y al abrirlo había un papel con la noticia del embarazo. Después de casi cuatro meses, lo perdí. En una cita de seguimiento, el ginecólogo mientras me hacía un sonograma de rutina me dijo, *"no tiene latidos"*. Estuve sola al recibir esta noticia y fue impactante. Me quedé paralizada en la oficina del doctor. ¡No lo esperaba! Luego, el médico nuevamente habló como si yo fuera una pared: *"vístete y hablamos en la otra oficina"*. Sus frías palabras fueron muy cortantes para mí, causaron un hueco doloroso en mi interior. Mientras me ponía la ropa, aguanté las ganas de estallar en llanto. Una canción de fondo se convirtió en la voz de Dios para mí; ahí supe que no estaba sola. Una vez más recibí su promesa, y hasta canté un coro que decía, *"todo va a estar bien, todo va a estar bien"*. Al salir de la puerta había una amiga y cuando vio mi rostro me preguntó que me había dicho el ginecólogo y con voz entrecortada solo pude pronunciar, *"mi bebé está muerto"*. Cuando se pierde un embarazo deseado queda un hueco en el corazón. Estuve varios meses tratando de asimilar lo ocurrido. Mi esposo manejó el duelo desde el silencio, en cambio yo, me encerré en el cuarto y lloré. Luego de casi siete meses, salí nuevamente embarazada. Un bebé arcoíris crecía en mi vientre. Esta noticia nos tomó desprevenidos y revivió la ilusión y la alegría en nosotros. Nos disfrutamos el embarazo y planificamos juntos cada detalle. Cuando pasaron los nueve meses recibimos a otra niña, hermosa y sana; y a quien hemos amado desde el primer día. Definitivamente, el tiempo de Dios es perfecto y sus planes son más altos que los nuestros.

Mi esposo es una bendición en nuestras vidas. Él llegó para regalarnos un amor reparador. Nos cuida y se esfuerza a diario por ser la persona que necesitamos. Hemos formado una familia reconstruida con sus retos incluidos. Doy gracias al Señor por permitirme sentirme amada y valorada a su lado. Es la pieza clave para que todo lo demás siga fluyendo, junto a él la carga es más ligera. Seguimos siendo polos opuestos, pero siempre un equipo. Nunca perfectos, siempre humanos y necesarios.

La vida del matrimonio es una experiencia que, en ocasiones, se torna algo turbulenta, pero siempre vale la pena encontrar la calma junto a esa persona idónea, que desea despertar a tu lado pase lo que pase. Ser dos que caminen en sintonía, que se pidan perdón las veces que sean necesarias, que alcancen armonía cuando el ruido los quiera confundir y que lleguen hasta los últimos días en la misma dirección. Al final, esa debe ser la meta: que todos podamos disfrutar de la frase que confirmó nuestra unión... *"¡el amor ganó!"*.

Te regalo este versículo que se encuentra en **Eclesiastés 4:12**...

"Y si alguno prevaleciere contra uno, dos se resistirán; y el cordón de tres dobleces no se rompe pronto".

CAPÍTULO 13

Pausa

Tardé dos años para escribir este libro. Durante el proceso me detuve porque la encontré a ella, a mi niña. Estaba en el mismo lugar, en aquel armario donde la había dejado. No fui capaz de ignorarla como otras veces. Me acerqué porque tenía la convicción de que regresé hasta este punto de mi vida por ella. No podía terminar esta encomienda sin antes liberarla y sanarla, así que me armé de valor para hacer la llamada que había retrasado por tantos años. Con toda mi voluntad y seguridad le dije, *"pequeña valiente vine por ti"*.

Tomé una pausa, la más justa y necesaria. Comencé a ir a terapia, nadie me había llevado antes. Aunque siempre debí estar en esa silla, esta vez, me di el permiso que siempre negué: ser vulnerable. Por muchos años construí un caparazón de protección emocional con algunas frases: *"Es imposible rendirse"*, *"Tú puedes"*, *"El cielo es el límite para ti no hay nada imposible, todo lo solucionas"*. Me funcionó repetirme esas afirmaciones en mis distintas crisis porque me mantuvieron enfocada, pero resistiendo al caos, sin enfrentarlo. Dejé a un lado las máscaras y el salvavidas para solo estar nosotras, la niña y yo.

En mis sesiones de terapia hice un detente intencional en mi agenda personal y ministerial; sin importar lo que otros pensaran dentro y fuera de la iglesia. Ese paso costó y dolió, ya que, pocas veces, permití la calma. Mi cuerpo hablaba y era urgente aceptar la invitación que el Espíritu Santo me hacía para escribir este libro. Porque tienes que ir hasta lo más profundo y soltar tu dolor para dar fe y testimonio del cambio. Así que destapé todas las experiencias a las que le puse curitas y permití que Dios también lo hiciera. En un acto de sinceridad, sin muchos protocolos y sin reservas, decidí trabajar con la versión de mí que solo sobrevivió. Me rendí a los pies del Dios de mis renuevos y salí con las ropas limpias. La terapia y el amor de Dios me dieron el poder de acercarme a mi vida desde otro lente, uno más humano. Encontré la belleza que existe cuando te permites regresar por ti y recuperarte de una vez y por todas.

En mi camino aprendí que tanto mi padre y mi madre, desde sus experiencias, hicieron lo mejor que pudieron al criarme. No puedo negar que tuvimos buenos momentos. Sus desaciertos añadieron una idea clara de la persona en la que me quería convertir. Los perdoné hace mucho tiempo y ahora los miro desde la misericordia que todos necesitamos. Ellos me aman y yo a ellos hasta mis últimos días; eso es suficiente. Estoy segura de que cada experiencia que atravesamos nos ayudó a no ponernos esos zapatos gigantescos nuevamente. Hemos avanzado, ya no somos aquellas personas, somos diferentes y eso es una ganancia. En la actualidad, disfruto la relación que tengo con ellos porque son muy importantes para mí. ¡Son unos padres y abuelos maravillosos! Todos fuimos restaurados por el Dios que junta pedazos rotos para exhibir su gloria. Mis padres y yo somos el ejemplo de ese poder extraordinario que hace de unas vidas destrozadas, renacer con una luz radiante. La vida no es lineal ni perfecta y mucho menos podemos tener el control de todo lo que nos ocurre. Sin embargo, tenemos la oportunidad de trabajar con nuestras áreas de oportunidad para ser murallas reconstruidas.

Otra lección que me regaló la terapia fue comprender que no pasa nada si no puedes con todo; se vale no ser invencible. Se puede alcanzar la plenitud y vivir a nuestro propio ritmo porque los logros también son pequeños pasos. Salí convencida que la recuperación es diaria y que se puede seguir intentando hasta conseguir los resultados esperados. Trabajar con mi ser me llevó a la aceptación y el compromiso para avanzar en los procesos de sanidad. Nunca me rendí cuando estaba excavando en mis profundidades porque hay que ser valiente para sanar. La sanación duele, pero justamente con ese dolor, ocurre la transformación que añade libertad y color.

Me quité un gran peso de encima cuando clínicamente fui diagnosticada con un trastorno de ansiedad. Hice las paces con mi diagnóstico. Hablé de la ansiedad como un proceso pasajero que le ocurre a otros y no a mí. Ese fue mi mecanismo de defensa. Ahora, cuento mi propia experiencia, la conozco, la manejo y hasta le puse nombre. Este ha sido uno de mis mayores logros y puedo decir que no hay nada más emocionante que la sensación de sentirse capacitada y lista. Muchas personas, al igual que yo, luchan con los estigmas y los prejuicios hacia las condiciones de salud mental. A veces, le huimos al diagnóstico, pero puedo decir que todo este proceso me ha ayudado a conocerme más y a encontrar soluciones más acertadas en mi diario vivir. Si lo hubiera trabajado antes, quizás, me hubiera evitado muchas piedras en el camino. Mi mayor galardón fue encontrarme, aceptarme tal cual soy, y perdonarme por lastimarme tanto. ¡He resurgido! Hoy existe un brillo distinto en mí,

No existe caos que no puedas resistir cuando Dios está junto a ti, en tu escena, en tu cueva, en tu pozo o en tu desierto. Justo en ese lugar, su poder se perfecciona y te llevará a un camino nuevo. ¡No lo olvides!

soy otra persona. Porque la metamorfosis llega cuando bajamos los brazos y somos moldeados hasta donde sea necesario; solo así estaremos preparados para ser mariposas listas para volar.

Te exhorto a que busques ayuda profesional si necesitas manejar alguna situación o trauma que te haya afectado. No dudes ni un minuto más en coordinar una cita. Atrévete a ponerte como prioridad, es uno de los mejores regalos que te puedes hacer. No tienes que cargar una mochila tan pesada el resto de tu vida. De paso, si no tienes a Dios en tu vida, no lo pienses ni un minuto más porque Él quiere regalarte su amor incondicional. Ese amor que nunca defrauda y llena toda deuda de paz y calma. Si llegaste hasta aquí, ¡te lo agradezco!

ESPACIO DE REFLEXIÓN

Estimado/a:

Te invito a un espacio de reflexión y liberación personal. A veces, llevamos cargas que nos impiden avanzar y disfrutar plenamente de nuestras vidas. Hoy es un buen momento para soltar lo que no te hace bien y abrirte a un mundo nuevo de posibilidades, sobre todo, a un proceso de sanación.

Contesta las siguientes preguntas cuando sientas que es el momento adecuado. Este espacio de reflexión es un regalo para ti. No juzgues tus emociones o pensamientos. Utiliza estas páginas para mirarte desde adentro, para curar tus heridas. Simplemente, agárrate del manto de Dios y permite para ti, una vida mejor.

¿Qué te impide soltar ese peso que llevas contigo?

¿Qué situaciones te gustaría dejar ir?

¿Qué pasos específicos puedes tomar para liberarte de tus cargas y darle la bienvenida a la paz en tu vida?

¿Qué significa para ti tener fe en Dios en momentos de caos y dificultad?

¿Recuerdas un momento en tu vida cuando sentiste la
presencia de Dios durante una crisis?

¿Cómo puedes identificar las bendiciones en tu vida, incluso, en tiempos difíciles?

¿De qué manera crees que la oración puede influir en tu
capacidad para encontrar paz en medio del caos?

¿Has experimentado alguna vez un cambio inesperado en tu vida que consideras obra de Dios?

¿Qué pasajes de la Biblia te han proporcionado consuelo en tiempos difíciles?

¿Cómo puedes compartir tu experiencia de fe con otras personas que estén atravesando alguna situación complicada?

¿Cómo el servicio a los demás puede ser una forma de manifestar la ayuda de Dios en tu vida y en la de otros?

¿Qué acciones puedes tomar hoy para acercarte más a Dios y dejar que Él te guíe hacia una vida plena?

Resistir al caos, ya sea en la infancia o en la adultez, es un arte de adaptación y resiliencia. Desde pequeños, enfrentamos situaciones adversas que nos enseñan a gestionar el desorden emocional y físico a nuestro alrededor. Estas experiencias, aunque difíciles, forjan nuestro carácter y nos enseñan que el caos puede ser un espacio de crecimiento. En la adultez, las adversidades pueden presentarse de diferentes formas —pérdidas, fracasos o crisis personales—, pero cada uno de esos momentos, nos brinda la oportunidad de aprender a encontrar la calma en medio de la tormenta. Al final, resistir al caos no significa evitarlo, es aprender a navegarlo, descubriendo en el proceso la fortaleza que reside en nosotros.

Made in the USA
Columbia, SC
15 October 2024

44383690R00071